Heidelore Diekmann

Hoffnung glimmt

Gedichte

deutscher lyrik verlag (dlv)

Für Sönke

Leben

Zwischen den Furchen des Tages
zwischen den Pendeln der Zeit
zwischen den Wellen der Sterne

schweben

ohne Boden
ohne Sicht
ohne Halt

schweben

sinken
steigen

in die Unendlichkeit allen Seins

I.

Frauen im Licht

Starke Frauen

voller Achtung sehe ich
sehe ich euch
zu

euren flinken Händen
euren nimmermüden Füßen

ein Kind auf dem Rücken
ein Kind im Bauch

ihr betreut eure Kinder
ihr wascht und kocht

geht auf das Feld
bestellt es, erntet

ich bewundere euch
aber Mann sollte euch
Hilfe schicken

Frau steht ihren Mann

Die Knochen schmerzen,
die Seele hängt schief,
doch es gilt anzupacken,
das Schicksal rief.

Aufs Krankenlager geworfen
der eigene Mann,
jetzt gilt es zu handeln,
egal ob Frau kann.

Sie vergisst eigene Schmerzen
und hängt alles dran,
zu pflegen und zu retten
ihren Mann.

Und sie kann und kann und kann
irgendwann nicht mehr!!!
Doch Frau steht ihren Mann,
fällt es ihr auch schwer.

Lasst Frauen ihre Stimme!

Es gibt ein Verbot!
Aber die Mütter und alten Frauen
beugen sich dem
Gesetz der Tradition,
führen dich zur Schlachtbank.
Ohne Beschneidung bist du
eine Hure, eine Schlampe!
Wirst nicht geheiratet!

Warum?
Weil du ganz bist,
wie Gott dich geschaffen hat?
Weil du deine Stimme,
deine Würde noch
nicht verloren hast?
Weil du nicht ein Leben lang
Schmerzen erleiden wirst?
Weil du diesen schrecklichen Tag
nicht erleben musstest?

Sind Männer so schwach,
dass sie sich nur neben
verstümmelten Frauen
stark fühlen?
Lasst Frauen ihre Würde!

Kopftücher, Kopftücher

Warum verstört mich der Anblick?
Ihr tragt sie doch gern, oder?
Es ist schon seit vielen Jahren so:
Mit Einsetzen der Menstruation
gibt es als Geschenk das Kopftuch.
Wie stolz ihr seid,
Frau zu sein, erwachsen.

Wie schwer ist es,
diese Tradition abzulegen!
Aber du bist Objekt geworden
und sollst nur für einen
unbedeckt sein.
Deshalb tragt ihr sie
bei Hitze, beim Sport,
beim Verlassen des Hauses.

O Schwestern, ich wünsche
euch Wasser, Sonne und
Luft auf der Haut und Wind
im Haar!
Auch wir haben die Haube
abgeschafft!

Ich trug sie einst

ich habe zwei große

karierte wollene Kopftücher

sie halten warm

im Winter

ich trage sie nicht mehr –

zu viele Kopftücher

Unschuldige Haare

Schwarz umränderte Augen
locken
aber die Locken müssen
verborgen sein
damit den Lockungen
der Haare widerstanden
werden kann
unschuldige Haare büßen –
kein Spiel mit dem Wind

Aufbruch

So ist es gewesen in früheren Zeiten,
die Frau, sie hatte das Haus zu verwalten.
Die Frau von heute denkt anders darüber.
Das Haus zu verlassen ist ihr oft lieber.

Doch die Hausarbeit bleibt als lästige Bürde
und ihre Bewältigung keine kleine Hürde.
Dort draußen in der weiten Welt
locken Kommunikation, Arbeit und Geld.

Der häusliche Kreis anscheinend zu gering nur ist,
im Beruf kann Frau zeigen, wer sie ist.
Planend, organisierend und immer bereit –
für Muße und Ruhe ist nur wenig Zeit.

Die kleinen Zipperlein so ganz nebenbei,
die sind nun mal da, um überwunden zu sein.
Bei Mann, Haus, Beruf und irgendwann Kinder
ist Action gefragt, und die Zeit läuft geschwinder.

Das betriebsame Leben jedoch jäh beendet
der Gang in die Rente und damit wendet
sich alles wieder dem Hause zu,
und es erschreckt die zu erwartende Ruh.

Andererseits fühlt Frau sich jetzt offen,
zu realisieren, was Freude ihr macht und kann hoffen,
dass sie genießt die neue Art zu leben,
wofür ihr nun ist viel Zeit gegeben.

Achtung Ehrentag

Weltfrauentag? Wozu soll er nutzen?
Ach ja, es gilt ja, das Image der Frau aufzuputzen!
Schmeichelndes Lob mit viel Gerede
kommt halt billiger als gleiche Löhne.
Man hüllt und zärtelt die Seele ein –
damit kann Frau zufrieden sein.

Aber:
Wir brauchen keinen Weltfrauentag,
wir brauchen einen gerechten Arbeitsvertrag
und gleiche Rechte im täglichen Leben.
Der Platz auf dem Sofa wird reihum vergeben.

2.
Welt in Flammen

Gescheitert im August 2021 in Afghanistan und schon lange davor

Ist das die Folge des Strebens
nach Macht und Wählerzugewinn?
Abwarten, spielen mit vielen Leben,
keine Gefährdung erreicht die Sinn'?

Führt Bruder Zufall wirklich die Zügel,
dass alles kommt, wie nicht gedacht?
Der bärtige Teufel auf Volkes-Wind-Flügeln
ist schon da und lacht und lacht.
(Seht meine Macht!)

Schwingt drohend sein Schießgewehr
und zeigt damit, wer Herr im Haus.
Ein Nicht-Anbeter hat es schwer –
wird besser flugs zu einer Maus.

Doch wo jetzt finden das Mauseloch,
um zu retten das eigene und anderer Leben?
Sich ducken und gehen unter das Joch
oder listig kämpfen und nicht aufgeben?

Wer kann die Frauen wieder befreien,
was menschenfeindliche Religion beschert?
Entkörpert in Tücherdunkelheit
haben sie Rechte nur noch am Herd.
(Wo waren ihre Kämpfer?)

Auch wir, wir schauen von außen zu –
erschüttert mit aufgewühltem Gewissen
und vorübergehender gestörter Ruh
sinken wir wohlig in sehr weiche Kissen.

Eisenhelme

Eisenhelme ziehen in den Krieg
Menschen darunter
anonym
in der Masse zu handeln
macht stark
im Gleichschritt
Marsch

wenn der Helm fällt
wird der Mensch
sichtbar
Mensch aus Fleisch
und Blut
kein Gleichschritt
mehr
verletzlich

Krieg

Wenn der Himmel aufbricht
und explodierendes Feuer
ausspuckt,

bleiben die Fensterhöhlen
schwarz zurück –

menschenleer!

Sprachstumm

sprachstumm
über die Todeswalze
der Todeskrieger

Menschen als Zinnsoldaten
Menschen als Zielobjekte

flammendes Inferno
(Un)Wirklichkeit

Leid – Tod – Flucht

Diktatur

sich aufzulehnen
heißt
sich wissend in Gefahr begeben

nur seinem Gewissen zu folgen
heißt
Gefängnis zu erwarten

nach Recht und Freiheit zu streben
heißt

den Tod auf sich zu nehmen

Weiße Rose

Wenn du Freiheit willst,

folge den flatternden Worten;

doch nach der Freiheit des Fluges

wartet der Tod.

Weiße Rose, welch Weh!

Zu schneidig

geschniegelt, schneidig, eloquent

ist, was mich hemmt

und was mich erinnert

an vergangene Zeiten

als Unrecht und Gewalt

galten

die guten ins Töpfchen

den Schlechten ans Köpfchen

oder weggesperrt

ins Lager gezerrt

geschniegelt, schneidig, eloquent

ist, was mich hemmt

Abgehoben

sie gockeln umher

mit gestrecktem Hals

mit erhobenem Kopf

mit geradem Kreuz

mit Blick von oben herab

auf das

was unter ihnen kreucht

Kanonenfutter – Wähler

Verbraucher

Abhängig

ich bin abhängig
von

Sonne – Wind – Regen

zu viel davon
zu wenig davon
tut nicht gut

ich bin abhängig
von

Politik – Wirtschaft – Gemeinschaft

zu viel davon
zu wenig davon
tut nicht gut

ich bin abhängig
von

Gerechtigkeit

sehr viel davon tut gut

Wert sein

was bin ich wert?

meine Arbeit unterbezahlt

mein Geld zinslos

ich

nicht systemrelevant
nicht nachhaltig

also wertlos!?

3.

Natur
ZAUBERHAFT — GRAUSAM

Sei willkommen

sei willkommen, heutiger Tag

mit rosa Blüten

gefüllt mit Sonnenstrahlen

und tupfigem Grün

am Gartenrand

zum Aufbruch in den Frühling

Zaubernüsschen (Hamamelis mollis)

Zaubernüsschen sehe ich schweben

sanft im Winde sich bewegen

trotzen leuchtend des Winters Dunkel

mit signalrotem Farbgefunkel

künden an des Frühlings Macht

dass er sich wieder nähert sacht

Spinnenbeinchen sich ausstrecken

und uns stimmungsfroh erwecken

aus der kahlen farblosen Zeit

erst im April ist es dann so weit

dass auch Blumenteppiche sich erheben

und die Welt farbenfroh beleben

das alles ist in der Natur gespeichert

womit sie uns Jahr für Jahr bereichert

Blühen, Reifen und Vergehen –

und wir staunend nur zusehen

Sommerfülle

Der Fuß durch das dichte
Blattwerk nicht dringt

von weit her der Ruf der
jungen Turmfalken klingt

zarte Singvögel auf
Erkundungsflug fliegen

und Bäume sich prall in
Blattfülle wiegen

Sommer, mal grün, mal
brennend vor Hitze

begleitet von schwarz aufgetürmten
Wolken mit Blitzen

Perioden von Dürre
im Wechsel mit Güssen

die anschwellen lassen
Bäche zu munteren Flüssen

und über allem das Licht
über die Länge des Tages

draußen genießen den warmen Abend
o Fülle des Sommers – so mag ich's

Hitzestille

Hitze   Stille

Natur

erstarrt von Sonne

brennend auf alles

Wärmestarre wie Kältestarre

alles ruht

selbst Schmetterlinge

Bienen und Fliegen

Vogelruf zetert aus Laub

dem geschützten Ort

vor brennender Sonne

gehe ich ins Haus

Bleibt

Bleibt ihr Wiesen gelb und grün
grünt immer wieder

bleibt und singt ihr Vögel so schön
trillernd eure Lieder

Wie lange noch?

aufgebrochen verschüttet der Himmel
sein Wasser
speit die Erde tosend brodelndes Feuer
und durch die trockenen Wälder rasen Feuerwände

Feuer – Wasser – Feuer – Wasser – Feuer

Kartenhäuser ... zermalmt, gefressen
Gliederpuppen ... verschüttet, ertrunken
und wir?

die wir überleben
diesmal davongekommen
wir, ein unbedeutender Teil der Natur
die uns nicht braucht
der es gelingt, uns auszulöschen
Geduld hat

und unseren Untergang uns selbst
überlässt

Nach der Sturzflut – eine Chance

Ein riesiger Haufen Schutt
ist alles, was von
meinem Leben geblieben.

Wenn ich die Kraft habe,
kann ich neu anfangen –
als Neugeborene!

Bin den Ballast
meines Lebens losgeworden,
welche Möglichkeit!

Ich bin frei.

Kein Besitz zerrt an mir.

Erinnerungen muss ich jetzt
selbst hervorbringen.

Kein Gegenstand,
kein Bild
lässt sie wieder entstehen.

Heute beginnt alles
noch einmal –

aber anders –,
nur wie?

(Überlegungen einer Person, die noch alles besitzt.)

4.
Mensch und Tier

Da war es um mich geschehen

Ich sah dich und
ich liebte dich sofort
dein weiches Fell
dein rundes Köpfchen
deine großen Augen
dein rosa Näschen
deine Anmut –

zum Knuddeln, ach –
doch du kehrtest mir den Rücken
ließest dich nicht immer drücken
kamst nur
wenn du es wolltest

aber ich schmolz dann dahin
wenn du gewillt dich zeigtest
und dein Köpfchen zu mir neigtest
zugleich dich schmiegtest warm an mich
das war einfach wonniglich!

Dann gab es nur noch dich
und mich!
Umhüllt von zarten Schnurrelauten
den vertrauten!

Katze mit Seele

Hast du Seele?
Kannst du denken?
Kannst du erinnern?
Kannst du sprechen?

Ja, das alles ist in dir,
du heißgeliebtes stolzes Tier!

Du wusstest, wenn wir dich verließen
und dich dem Nachbarn überließen.
Beleidigt wandtest du dich ab,

doch deine Sinne sagten dir,
wann wir wieder standen vor der Tür,

und wir schauten uns nur an
und erneut
unsere Seelenverwandtschaft begann.

Ich sah dich denken,
ich sah dich erinnern und
mit mir sprechen,
ich konnte dich verstehen.
Deine Gesten, deine Laute
waren nicht zu übersehen.

Und deine Gefühle zeigten mir,
wie ähnlich fühlen Mensch und Tier.

Das lernte ich von dir!

Sanfte Schöne

braune Augen

sehr schwarze Wimpern

Sanftheit im Blick

kann dich das rühren

schnuppernde Nase

fragende Neugier

Vertrauen und Vorsicht

nähern sich dir

dem Raubtier Mensch

Eine Liebe für den Magen

Du wirst geliebt
die Liebe zu dir
geht
durch den Magen
derer die Mengen
von dir vertragen
ohne zu hinterfragen –

Wie lebst du
in deinem kleinen Käfig?

Wie stirbst du
mit den Sterbelauten
deiner Art im Ohr?

Was kennst du
von der Natur
in deinem kurzen Leben?

Ist es Leben
oder nur Qual?

5.

Naturgewalten
Wasser – Gebirge

Weltenmeer

Ein Blick über die Weite, Weite, Weite
des Meeres
Ferne bis zum Horizont
immer im Wandel
schwingendes, kappelndes, wogendes
Wasser oder
ruhiges mit Oberflächenspannung
das die Weltkugel nachformt
und keine Grenzen kennt
Tiefe nicht einsehbar
Himmel hoch über allem
und ich
begrenzt auf mein Erdendasein

ich ein winziges Teil auf dem Meer
vor dessen Größe ich erbebe
und die Kraft spüre, die vorhanden ist
Unendlichkeit haucht mich an
bindet mich ein

Atemlos

Wenn der Wassergott
seine Krieger aussendet

nimm dich in Acht!

Tosend brausend nähern sich
die züngelnd wilden Gesellen

reißen dich mit und verschlingen
dich mit wirbelndem Sog

schnappend nach Luft
tauchst du im Todeskampf

wieder auf

von brechenden Wellen
erdrückt

kämpfst du
kämpfst du

atemlos um dein Leben

Still glänzt der See

still glänzt der See im Licht
keine Welle kräuselt das Wasser

wie herrlich ist's dahinzugleiten
die weiche Fläche zu zerteilen

Schöpfer zu spielen
Wellen in das Wasser zu zaubern

das sanft den Körper umspielt

und auf dem Sonnenstrahl
dem Himmel begegnen

Wasser – Sand

Wasser – Sand
Wasserrand

Spuren im Sand
prägnant

in zwei Elementen
sich bewegen

im nimmer Ruhenden
in fester Substanz

Füße hier
Füße da

Füße nie gewesen

Gebirgswelt

Ein Blick über die Gipfel des Gebirges
zum Himmel aufragend
ihm sehr nah
bis zum Horizont schwingendes Meer
von Felsspitzen
Bergrücken, Graten, Hängen
schneebedeckt, grün
ausstrahlend Größe und
Beständigkeit
der Himmel zum Greifen nahe
und doch nicht fassbar
und ich
begrenzt auf mein Erdendasein

ich, ein winziges Teil im Gebirge
vor dessen Größe ich schaudere
und die Kraft spüre
die alles geschaffen hat
Unendlichkeit haucht mich an
bindet mich ein

Bergsteigen

Körper bergauf steigend
Atmen im steten Takt

Spüren der Muskeln
Stärke in jedem Tritt

Uhrwerksgleich weiter ... weiter

Wie lange funktionieren Muskeln?
Schwerer jeder Schritt

Gedanken entfliehen
Körper als Automat

Weiter ... weiter zum Zie...l

Einswerden

Berglandschaft

Wärme, Weite
nimmt mich auf
lässt mich dauern
Jahrmillionen –

Das ist Leben!

Vorder- und Hintergrund
in vielen Tönen
blau und grün
schaffen Tiefe –

Das ist Leben!

Silbern gleitet
im steten Fluss
Teilchen tragend
formende Urgewalt –

Das ist Leben!

Schwärze, Nacht
Licht bricht ein
formt Muster
Natur und Kultur (vereint) –

Das ist Leben!

6.
Aus der Zeit gefallen

Gefällte Titanen

Kraftvoll erhob sich das Menschengeschlecht
und machte sich die Erde untertan.
Stolz schritten sie daher,
selbstsicher, sich ihres Verstandes bewusst,
erfindungsreich, Ziele mit allen Mitteln verfolgend,
um zum Primus der Schöpfung zu werden.

Ressourcen boten sich zahlreich an.
Schon qualmten die Schornsteine,
produzierten Maschinen ausgefeilte Technik,
analysierten chemische Verfahren Zellen,
wurde ein Blick in das Weltall geworfen.
Titanen hatten die Welt erobert.

Alles verlief nach ihrem Willen.
Sandten in die Luft, was sie der Erde entrissen,
verseuchten diese mit Abgasen,
erfanden einen alles könnenden, biegsamen Stoff,
der seitdem das Wasser der Meere überflutet,
und fügten eine stinkende Chemiekloake hinzu.

Und darüber erhoben sich göttergleich, wohlgenährt,
in ewigneues Tuch gehüllt,
mit wechselnden Maschinen bestückt
die Herrscher über Natur und Technik.
Bis – ein winziges Lebewesen
Millionen von ihnen befiel.

Aufzeigte, wie sterblich sie waren,
einem unsichtbaren Feind ausgeliefert,
der den ganzen Erdkreis zum Stillstand brachte,
wartete das Menschengeschlecht angstvoll, wie
gelähmt darauf, dass das Virus entwich, das
ihnen Lebensweise und Macht geraubt hatte.

Gefällte Titanen!

Vom Virus verfolgt ...

der Kopf sich der Erde nähert
Schultern zum Boden sich senken

Seele kein Oben kennt

nach Frohsinn lechzt und
nach Gemeinschaft dürstet

wir, mundtot gemacht und
durch Masken gesichtslos

wie lange noch?
immer wieder?

nach dem Einstich
Hoffnung

Kopf – Schulter – Seele

schweben empor
jauchzen

gerettet???

Gesucht

Großer Zampano,
Übermensch aus der Retorte,
komm und führe uns!

Finde Lösungen für:

Kinder – Erwachsene
Kranke – Gesunde
Fromme – Ungläubige

Arbeitende – Arbeitslose
Zufriedene – Unzufriedene
Besitzende – Besitzlose

Impfgegner – Impfbefürworter

Beende endlich
die stümperhaften
Anordnungen, Ausführungen
der Verantwortlichen

O Zampano, komm,
damit du meine Wünsche erfüllst!

Die Wünsche eines jeden!
Nein, meine, meine,

nur meine!

Du kannst es!

Jedem seine Zugbrücke

wenn ich überleben will
muss ich
meine Zugbrücken hochziehen

mich abschotten gegen Angst
die sich nicht einschleichen darf
durch die flatternden Bahnen
der Nerven

handlungsfähig bleiben
hinter
Mauern erstarken

Schmerz, Kummer, Not nicht
hineinlassen

und als wandernder Schutzschild
wieder in die Welt hinausgehen

und überleben

7.
Wenn Gefühle überfliessen

Alle Menschen werden Brüder

alle Menschen werden Brüder
und ein großer Friede weilt
alle Menschen werden klüger
und jeder jedem verzeiht

Musik und Text in mir sang
und jauchzend bis zum Himmel klang
mich schwerelos in Höhen führte
und ein Lebensgefühl in mir kürte

das wie von Gott gegeben war
war ich auch Mensch von Fleisch und Blut
die Erhabenheit in mir wuchs
wie vom Körper losgelöst sogar
glitt meine Seele dem Sirius nah

seid umschlungen Millionen
diesen Kuss der ganzen Welt
was Musik und Text so vollendet bringt
hoffentlich endlich der Menschheit gelingt

alle Menschen werden Brüder
und ein großer Friede weilt
alle Menschen werden klüger
und jeder jedem verzeiht

Auf zu den Sternen

Wie sich auf der Erde halten,
wenn die Sterne fordernd funkeln
und dich in des Weltalls Dunkel
ziehen an mit Strahlengewalt?

Diese Anzahl, diese Tiefe!
Ist's, als ob's von oben riefe:
Komm, komm, verlass die Erde,
folge dieser Sternenherde

in die weite Unendlichkeit
der Sternenewigsein-Zeit!
Schweben, schweben leicht dahin,
bis, ja, bis ich ewig bin.

Wie sich auf der Erde halten,
wenn die Sterne fordernd funkeln
und dich in des Weltalls Dunkel
ziehen an mit Strahlengewalt?

Flieg!

Erfasse dein Glück

Menschlein, erfasse dein Glück
halt es zurück
dass es dir nicht kann entweichen
um der Schwärze die Hand zu reichen

hoch die Stimmung – hoch die Tassen
und morgen nicht gleich Trauer fassen
wenn die Stimmungskurve sinkt
und das Herz nur Trauer trinkt

Trauer Trauer Trauer
steht fest wie eine Mauer
an ihr prallt jede Freude ab
Menschlein, lab lab lab

dich an frohen Gedanken
nur an ihnen kannst du ranken
immer wieder ins Leben zurück
halte sie fest zu deinem Glück

Geist des Universums

schwebendes, schwingendes Luftgespinst

Wellen verströmende

geheimes Wissen tragende

Urbotschaft an die
Menschheit aus dem All

KOMM und lass uns

teilhaben
an den göttlichen Funken

derer die Menschen jetzt
dringlich bedürfen

und danach dürsten

so

fernab ihres URGRUNDS

8.

Heimat???

Heimat – mein Zuhause

mit
Erinnerungen darin von
Erlebtem, Gesammeltem
und Menschen, sehr nahen
über Jahre zum belebten
Gedächtnisteppich
gewobenen

dem das Weiche, Verschlungene
schwindet
wenn die Menschen gegangen
nur noch Haus
Heimat nicht mehr

In der Fremde

ich höre Laute
bin verwirrt
eingeschlossen in
meinem Körper

ich öffne
meinen Mund
sage Laute
sie bleiben

im Niemandsland

Aufwachen

aufwachen
zu sich kommen
dich sehen, berühren
hallo
gesprächsbereit sein
teilen, mitteilen
verweilen in Geborgenheit

ohne dich

allein

Heimatlos

Wurzeln in der Erde
Wurzeln breit
Wurzeln tief

Wurzeln ausgerissen
Sehnsucht blieb

9.

Unwichtig???
Es geschieht!

Sturzflug

Und wieder war da eine Kante
gegen die mein Fuß anrannte
brachte mich so sehr in Schwung
dass ich flog nach vorn – ganz krumm

stürzte – was war nicht abzuwenden
im Flug eine Putte mit beiden Händen
machte irgendwie noch drei Schritte
mit abgesenkter Leibesmitte

landete dann auf meiner Brust
und glitt mit dieser – o welche Lust
über glattes, glattes Gras
das vom Regen war quietschenass

so war die Rollbahn mir bereitet
was mich im Rutschen sehr erheitert
ordnete verwirrt dann meine Glieder
und stand auf meinen Füßen wieder

Im Dunkeln

Welch ein Wispern in den Büschen
welch ein vor und hinter mir Huschen
Knacken, Knistern – ich bleib stehen
welch ein garstiges Geschehen

ereignet sich um mich im Dunkeln
wenn weder Mond noch Laterne funkeln?

Durch meiner Sinne wildes Kreisen
Augen keinen Weg mir weisen
Ohren angstvoll Geräusche hören
die meine innere Ruhe stören

ausgeliefert der puren Natur
bin ich ein schwaches Wesen nur!

Welch ein Wispern in den Büschen,
welch ein vor und hinter mir Huschen,
Tag – o Tag – o Tag brich an
damit ich wieder stark sein kann!

Treue Begleiter

Klick und Klack im gleichen Takt
zwei Begleiter neben dir

sind treulich dir zur Seite

einer vorn und einer hinten
und gleich wieder umgekehrt

stützen dich bei jedem Schritt
verleihen dir einen sicheren Tritt

liegen mal fest, mal locker in deiner Hand
bergauf wie auch im flachen Land

und wenn du stehst

dann ruhn auch sie
gehorsam, geduldig

wer errät sie???

Müll

ein Müllbeutel liegt
schon wieder da
er liegt und liegt
und plötzlich sind zweie da
und alles liegt und liegt

und mehr noch häufen sich darauf

mein Schönheitssinn ist gestört
da weht und flattert es zuhauf
keine Sauberkeit ist gegeben
was hilft aus der Misere heraus
denn der Mülleimer steht daneben!

Deckel auf, alles rein
so muss es sein!

10.

Lauf des Lebens

Frisch im Leben

Kleiner Mensch
so rund und weich
rosig frisch im Leben

biegsam jedes Körperteil
mit Sinnen auf Empfang
gestellt;

Was bewegt sich?
Was ist zu hören?
Wer ist weich?
Wer ist warm?
Wo bin ich geborgen?

Freude, Kummer, Unwohlsein
ein Lächeln und Erwiderung
Glück für das Gegenüber
und eine Welt öffnet sich
die dich willkommen heißt!
Werde, wachse und lass
dein Lächeln nicht gefrieren!

Fuß vor Fuß

Tippel-tapp – Fuß vor Fuß
wird immer mehr erlaufen
und mit den Händen greifend
tausendfach begrüßt.

Die Welt, die Welt, die Welt
ist groß,
und gibt ihr Wissen preis
mit Tatkraft, Üben
und Wissensdrang
steht sie für mich offen:
O Kraft, o Schwung,
ich bin bereit, zu finden
meinen Platz!

Das Wissen wächst

Was kann ich lernen
aus Büchern,
von der Natur,
welche Gipfel sind zu stürmen,
welche Klippen zu umschiffen?

Schön ist die Welt und
Neugier in mir.
Wie herrlich ist's zu leben
und Neues zu erstreben!

Immer in Bewegung,
wohin, wohin nur?
Wie bin ich stark!
Immer auf Tour.

Freunde und Feste,
Reisen und Kultur,
warum hat ein Tag
24 Stunden nur?

Erfahrung mehren, im Zenit

Fundamente anlegen,
breit und tief und immer mehr,
die Beine fest im Grund verankert,
mit Hand und Kopf Gereiftes ernten,
wie wunderbar, selbst Frucht zu sein
und sich und andere zu nähren,
die Zeit, die Zeit, die Zeit spielt mit,
Erfahrung zu vermehren.

Nicht alles ist mehr ganz so neu
und vieles wiederholt sich –
mein Kopf,
der ist
zum Platzen voll,
will ich doch schaffen viel –
Erfolg, das ist mein Ziel!

Halbzeit vorbei

WO WILL ICH HIN,
wo komm ich an?
Die Hälfte des Lebens
von mir überschritten.
Weihnachten nur noch
ein Kindheitsglück,
in die Erinnerung gerückt,
weil geliebte Menschen
krank oder fehlen.

Mich auch plagen mehr
Zipperlein.
Wo ist der Schwung,
wo ist die Freude?
Gesundheit wird jetzt
angestrebt und
muskelfördernd gelebt
und hin und wieder ein guter Wein
mit Freunden!
ACH!
Und immer öfter lieg ich brach
und brauche auch Erholung!

Ruhestand?

Erreicht!
Viel weiter mag ich
nicht denken,
doch nun kann ich
leben, leben,
wie ich will –
Geschicke selber
lenken,
das
wird nun wirklich wahr,
ist einfach wunderbar!

Wie lange noch?
Ich weiß es nicht.

Behältst du deinen Schwung?
Ich weiß es nicht.

Erfreut dich die Welt?
Ich weiß es nicht.

Bleibst du gesund?   Bist du unsterblich?
Ich weiß es nicht.   Nein!

Wanderer wir sind

Wanderer wir sind durch Zeit und Raum
kennen unsere Bestimmung kaum

doch wichtig ist es hier auf Erden
zu lieben und geliebt zu werden

zu lieben Pflanzen, Mensch und Tier
die leben mit und um uns hier

INHALT

1. Frauen im Licht 7

Starke Frauen 9
Frau steht ihren Mann 10
Lasst Frauen ihre Stimme! 11
Kopftücher, Kopftücher 12
Ich trug sie einst 13
Unschuldige Haare 14
Aufbruch 15
Achtung Ehrentag 17

2. Welt in Flammen 19

Gescheitert im August 2021 in Afghanistan
und schon lange davor 21
Eisenhelme 23
Krieg 24
Sprachstumm 25
Diktatur 26
Weiße Rose 27
Zu schneidig 28
Abgehoben 29
Abhängig 30
Wert sein 31

3. Natur zauberhaft – grausam 33

Sei willkommen 35
Zaubernüsschen (Hamamelis mollis) 36
Sommerfülle 38
Hitzestille 40
Bleibt 41
Wie lange noch? 42
Nach der Sturzflut – eine Chance 43

4. Mensch und Tier 45

Da war es um mich geschehen 47
Katze mit Seele 48
Sanfte Schöne 50
Eine Liebe für den Magen 51

5. Naturgewalten Wasser – Gebirge 53

Weltenmeer 55
Atemlos 56
Still glänzt der See 57
Wasser – Sand 58
Gebirgswelt 59
Bergsteigen 60
Berglandschaft 61

6. Aus der Zeit gefallen 63

Gefällte Titanen 65
Vom Virus verfolgt … 67
Gesucht 68
Jedem seine Zugbrücke 70

7. Wenn Gefühle überfließen 71

Alle Menschen werden Brüder 73
Auf zu den Sternen 74
Erfasse dein Glück 75
Geist des Universums 76

8. Heimat??? 77

Heimat – mein Zuhause 79
In der Fremde 80
Aufwachen 81
Heimatlos 82

9. Unwichtig??? Es geschieht! 83

Sturzflug 85
Im Dunkeln 86
Treue Begleiter 87
Müll 88

10. Lauf des Lebens 89

Frisch im Leben 91
Fuß vor Fuß 92
Das Wissen wächst 93
Erfahrung mehren, im Zenit 94
Halbzeit vorbei 95
Ruhestand? 96
Wanderer wir sind 97

Jugendbücher von Heidelore Diekmann im Karin Fischer Verlag:

Band 1
10. September 2021
188 Seiten
ISBN 978-3-8422-4789-5

Band 2
17. April 2023
196 Seiten
ISBN 978-3-8422-4870-0

Das Reich der Großen Erdmutter schreitet ein, weil es die Verhältnisse, in denen Kinder aufwachsen, nicht mehr erträgt. Magst du gern in der Natur sein? Wunder erleben? Dann folge Max ins Erdreich.

Was geschieht auf der Erde und im Erdreich? Erneut gelangen die Kinder Max, Marie-Sophie und Paul ins Erdreich. Sie finden es völlig verändert vor: Unheimliche Geräusche, Eiseskälte und Finsternis.

Der deutsche lyrik verlag (dlv) ist ein Imprint
der Karin Fischer Verlag GmbH, Aachen.

Besuchen Sie uns im Internet:
www.deutscher-lyrik-verlag.de
www.karin-fischer-verlag.de

*Bibliografische Information
der Deutschen Nationalbibliothek*
Die Deutsche Nationalbibliothek verzeichnet
diese Publikation in der Deutschen Nationalbibliografie;
detaillierte bibliografische Daten sind im Internet über
http://dnb.d-nb.de abrufbar.

ISBN 978-3-8422-4912-7

Alle Rechte vorbehalten
© 2024 Heidelore Diekmann
© 2024 für diese Ausgabe Karin Fischer Verlag GmbH, Aachen

Gesamtgestaltung: mo-rom
Covergestaltung von © Vogelsang Design
unter Verwendung des Bildes »Kerze« von © Renate Ueckert-Tröndle

Hergestellt in Deutschland